Dr. Robert Tabeling

Vorsicht dicker Hund

So wird er schlank, so bleibt er fit

CADMOS HUNDEBÜCHER

Inhalt

Impressum

Cadmos Verlag GmbH, Brunsbek
Gestaltung und Satz: Ravenstein, Verden
Fotos: Tatjana Prawitz, Ulrike Schanz
Titelfotos: Tatjana Prawitz, Ulrike Schanz
Druck: Grindel Druck, Hamburg

Printed in Germany.

ISBN 3-86127-664-X

Eine gute Kondition trägt zum Wohlbefinden des Hundes bei.

Einleitung

Jeder Hundebesitzer hat sich sicher schon einmal gefragt, ob sein Hund das richtige Gewicht hat. Zu Recht, denn Übergewicht ist ein häufiges Problem bei Hunden. Wissenschaftliche Untersuchungen haben ergeben, dass jeder dritte Hund zu dick ist. Eine übermäßige Ablagerung von Körperfett beeinträchtigt die Gesundheit und verringert die Lebenserwartung des Hundes, ganz zu schweigen von der Leistungsfähigkeit und dem Wohlbefinden, die erheblich unter den unnötigen Pfunden leiden. Wie stellt man fest, ob der Hund zu dick ist? Welche Risiken sind mit Übergewicht verbunden und welche Maßnahmen müssen ergriffen werden, um wieder das Idealgewicht zu erreichen? Warum nimmt mein Hund eigentlich zu, obwohl die auf der Verpackung angegebene Fütterungsempfehlung eingehalten wird? Diese und viele andere Fragen werden im vorliegenden Buch beantwortet und sind für den Hundebesitzer eine Hilfestellung, das Gewicht seines Hundes richtig einzuschätzen und gegebenenfalls erfolgreich zu reduzieren. Mit ein wenig Grundwissen und Geduld gelingt es so jedem Hundebesitzer, aus seinem „dicken Hund" wieder ein schlanken und bewegungslustigen Gesellen zu machen.

Wann liegt Übergewicht vor?

Man spricht von Übergewicht, medizinisch auch „Adipositas" oder „Fettleibigkeit" genannt, wenn das Idealgewicht deutlich überschritten wird und deutlich sichtbar Ansammlungen von Fettgewebe als Energiespeicher im Körper angelegt sind. Liegt das Gewicht eines Hundes 10 Prozent über dem Rassedurchschnitt, ist noch von beginnendem Übergewicht zu sprechen, aber schon bei einer Überschreitung von 20 Prozent liegt deutliches Übergewicht vor. Wenn beispielsweise ein Hund mit einem Idealgewicht von 10 Kilogramm 10 Prozent mehr, also 11 Kilogramm, auf die Waage bringt, bahnt sich bereits eine Verfettung an. Mit den Maßstäben eines Menschen gemessen, klingt eine Gewichtsüberschreitung von 1 Kilogramm im ersten Moment eher harmlos. Bezieht man eine Gewichtszunahme von 10 Prozent jedoch auf einen 70 Kilogramm schweren Menschen, der damit 77 Kilogramm auf die Waage bringen würde, wird schnell klar, dass eine Zunahme von 1 Kilogramm für einen 10 Kilogramm schweren Hund keine Kleinigkeit darstellt.

Bei der Entstehung von Übergewicht unterscheidet man zwei Phasen. In der ersten, „dynamischen Phase" nimmt der Hund zu viel Energie mit der Nahrung auf und wird zu dick. Die anschließende „statische Phase" ist gekennzeichnet durch eine mehr oder weniger normale Nahrungsaufnahme, in der das Tier nicht abnimmt, da der Körper für das überschüssige Fettgewebe keine zusätzliche Energie benötigt.

Hunderassen,·die zu Übergewicht neigen

Vergleiche zwischen verschiedenen Rassen zeigen, dass es bestimmte Rassen gibt, die zu Übergewicht neigen (Tabelle 1). Zum einen besteht bei den betroffenen Rassen vermutlich eine erbliche Veranlagung zu einer vermehrten Fetteinlagerung, zum anderen kann das Fressverhalten eine Rolle spielen. Viele Hundebesitzer können vielleicht aus Erzählungen anderer oder sogar aus eigener Erfahrung berichten, dass beispielsweise ein Labrador alles Mögliche und Greifbare gierig zu sich nimmt, während ein Irish Setter das für andere Hunde schmackhafteste Futter nur unter gutem Zureden anrührt oder sogar verschmäht. Grundsätzlich gilt jedoch, dass die meisten Hunde bei übermäßig angebotenem Futter mehr fressen als nötig. So landet häufig bei guten Fressern zu viel Futter im Futternapf, weil angenommen wird, dass der Hund sonst nicht satt wird. Bei diesen Hunden und bei den zu Verfettung neigenden Rassen sollte unbedingt auf die Gewichtsentwicklung geachtet werden.

Spaniel gehören zu den Hunderassen, die „häufig" Appetit haben.

Tabelle 1: Besonders oft beziehungsweise selten Übergewicht betroffene Hunderassen

oft	selten
Labrador	Deutscher Schäferhund
Cairn Terrier	Greyhound
Cocker Spaniel	Yorkshire Terrier
Basset	Dobermann
Beagle	Staffordshire Bullterrier
Langhaardackel	Whippet
Collie	Boxer
Cavalier King Charles Spaniel	Irish Setter

Übergewicht schleicht sich langsam ein ...

...und plötzlich ist der Hund „fett".

Ist mein Hund zu dick?

Zunächst sollte das aktuelle Gewicht ermittelt werden. Bei kleinen Hunden steigt man einmal mit und einmal ohne Hund auf die Personenwaage und zieht beide Werte voneinander ab, um das aktuelle Gewicht zu erhalten. Das Gewicht großer Hunde sollte am besten auf einer beim Tierarzt oder in Futtermittelmärkten häufig vorhandenen Tierwaage festgestellt werden.

Wie ist nun das Idealgewicht des Hundes einzuschätzen? Bei Rassehunden existieren Standardgewichte, wobei unterschiedliche Werte für Rüden und Hündinnen beachtet werden sollten. Dass Körperbau und Körpergröße auch innerhalb einer Rasse variieren können, muss ebenso berücksichtigt werden, um nicht zum Beispiel Hunde mit stark entwickelter Muskulatur als übergewichtig einzuordnen. Die angegebenen Werte in der Tabelle 2 sind nur eine Richtschnur, in welcher Größenordnung ungefähr das Idealgewicht der entsprechenden Hunderasse zu suchen ist. Vielleicht existieren sogar noch Aufzeichnungen (eigene oder auf der Karteikarte des Tierarztes) über das Gewicht, als der Hund gerade ausgewachsen und normalgewichtig war, die zum Vergleich herangezogen werden können.

Wenn die Gewichtsdaten nicht vorliegen oder Vergleichswerte zur Einschätzung der Körpermasse fehlen (nicht aufgeführte Rassen, Mischlinge), so beurteilt man den Ernährungszustand des Hundes am besten durch

Wie schwer ist der Hund: Wiegen Sie sich erst mit, dann ohne Hund.

Sind die Rippen nur schwer zu fühlen, ist der Hund zu dick.

Tabelle 2: Körpergewicht (in Kilogramm) erwachsener Hunde verschiedener Rassen (zitiert nach Meyer und Zentek 2001)

Rasse	Ø Körpergewicht		Rasse	Ø Körpergewicht	
	männlich	weiblich		männlich	weiblich
Zwergrassen			*Mittelgroße Rassen*		
Kleinspitz	2,9	3,6	Kleiner Münsterländer	17	17
Chihuahua	3,2	2,2	Mittelschnauzer	19	18
Yorkshire Terrier	3,2	2,5	Großpudel	25	25
Zwergpinscher	3,5	2,9	Basset	20	18
Affenpinscher	3,9	3,2	Bullterrier	23	20
Papillon	1,5–5	1,5–5	Siberian Husky	24	20
Malteser	3–4	3–4	Airedale Terrier	25	23
Zwergpudel	5,2	5,0	Chow Chow	27	21
Zwergdackel	<4,0	3,5	Englische Bulldogge	27	23
Zwergschnauzer	5,5	5,1	Collie	27	23
Belgischer Giffon	5,5–6	5,5–6	Dalmatiner	27	23
Pekinese	5,5–6	5,5–6	Deutscher Vorstehhund	24	24
			Eurasier	23–32	18–26
Kleine Rassen					
Boston Terrier	7–12	7–12	*Große Rassen*		
Mops	8,3	8,0	Irish Setter	28–30	25
Jagdterrier	8,5	7,5	Greyhound	29	24
Foxterrier	8,5	7,3	Bobtail	25–30	25–30
Bedlington Terrier	8,5	7,9	Boxer	30	28
Cavalier King Charles Spaniel	8,5	7,7	Deutscher Schäferhund	34	32
Pinscher	9,0	6,5	Hovavart	35	33
Kurzhaardackel	<6,5	7,0	Labrador Retriever	35	28
Langhaardackel	<6,5	7,0	Dobermann	37	29
Scotch Terrier	10	9,1	Alaskan Malamute	39	34
Whippet	10	11	Riesenschnauzer	35	30
Französische Bulldogge	11	11	Bordeauxdogge	43	39
Irish Terrier	12	12	Berner Sennenhund	50	45
Cocker Spaniel	14	13	Rottweiler	50	40
Beagle	14	13			
			Riesenrassen		
			Irischer Wolfshund	54	41
			Leonberger	60–80	60–80
			Deutsche Dogge	60	55
			Neufundländer	63	52
			Berhardiner	80	65
			Mastiff	75–90	75–90

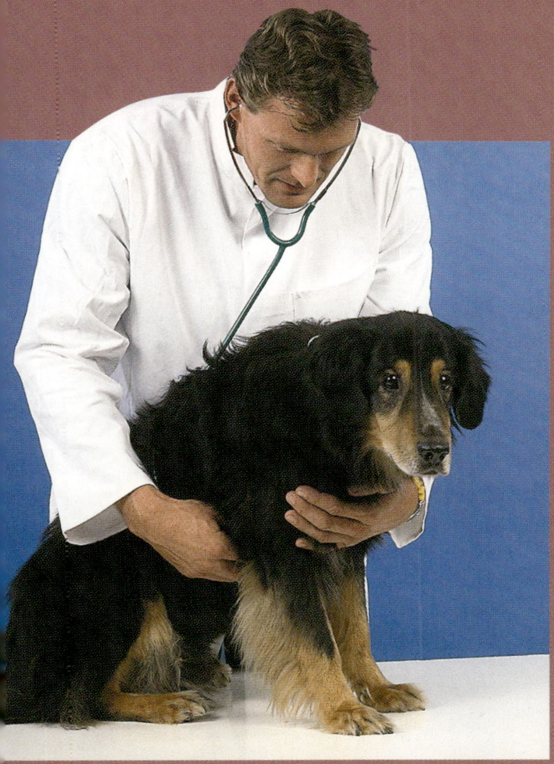

Bevor eine Diät begonnen wird, muss sicher sein, dass der Hund gesund ist.

Warum wird mein Hund zu dick?

Falsche Ernährung

Hauptgrund für die Energieüberversorgung ist eine fehlerhafte Fütterung, das heißt in diesem Falle zu viel oder falsches Futter. Eine wesentliche Rolle spielen in diesem Zusammenhang unkontrollierte Gaben kleiner energiereicher Belohnungen oder Zwischenmahlzeiten. Auch die zusätzliche Fütterung vom Tisch und fremde „Nahrungsquellen" wie der Komposthaufen im eigenen Garten oder Nachbarn, die es besonders gut mit dem Hund meinen, sind nicht zu unterschätzen. Daneben ist unzureichende tägliche Bewegung bei normaler Fütterung ebenfalls ein häufig beschrittener Weg zu Übergewicht.

Betasten der Fettschicht auf den Rippen an der seitlichen Brustwand, indem man die Hände auf den Rippen leicht vorwärts und rückwärts schiebt. Der Hund ist zu dünn, wenn kein Fett zwischen Rippen und Haut zu fühlen ist. Sind die Rippen gut zu tasten, hat der Hund das richtige Gewicht. Hunde der meisten Rassen sollten im Normalfall von oben betrachtet eine gut ausgeprägte Taille zeigen. Verschwimmen aber die Konturen und sind die Rippen nur schwer zu fühlen oder verschwinden gänzlich unter einem Fettpolster, ist es höchste Zeit abzuspecken.

Besteht danach immer noch Unsicherheit über den Ernährungszustand des eigenen Hundes, sollte ein Tierarzt aufgesucht werden. Nicht zu vergessen ist, dass in seltenen Fällen bestimmte Erkrankungen wie etwa Fehlfunktionen der Schilddrüse oder Nebenniere Übergewicht verursachen können. Daher ist es unbedingt erforderlich, tierärztlichen Rat einzuholen, wenn neben unerklärlichem Übergewicht weitere Auffälligkeiten wie beispielsweise gesteigerte Wasseraufnahme beobachtet werden.

Leckerli und Zwischenmahlzeiten sind niemals zu vernachlässigen, da sie hohe Energiegehalte aufweisen.

Kastrierte Hunde müssen anders gefüttert werden, sonst gehen sie in die Breite.

Kastration

Sowohl kastrierte Hündinnen als auch Rüden neigen in vielen Fällen durch die Veränderungen im Hormonhaushalt zu vermehrter Futteraufnahme. Zusätzlich verringert sich durch fehlenden Sexualtrieb häufig die Bewegungslust, sodass bei gleich bleibender Fütterung diese Hunde oft in die Breite gehen. Nach einer Kastration ist es besonders wichtig, dass die Tiere nur die Menge an Energie erhalten, die zur Deckung ihres Bedarfes benötigt wird, also nur noch eine Energiemenge, die älteren, wenig bewegungsfreudigen Hunden entspricht (siehe Abbildung Seite 11).

Alter und Krankheit des Hundes

Ältere Hunden (ab durchschnittlich sieben Jahren) haben in der Regel einen geringeren Energiebedarf als jüngere Tiere. Zum einen sind sie nicht mehr so spiel- und bewegungsfreudig wie jüngere Hunde, zum anderen können auch hier Veränderungen im Hormonhaushalt die Ursache für unerwünschte Fettpolster sein.

Auch bei krankheitsbedingten Einschränkungen der Bewegung steigt das Risiko einer Gewichtszunahme, wenn sich an der Tagesration oder an der Art des Futters nichts ändert.

Ein „Bürohund" mit wenig Bewegung braucht weniger Energie ...

... als ein Leistungssportler, mit dem täglich trainiert wird.

Der Energiebedarf des Hundes

Um die Energieversorgung des eigenen Hundes beurteilen zu können und die Ursache des Übergewichtes zu ergründen, ist etwas Grundlagenwissen zum Bedarf des Hundes sowie zum Energiegehalt des Futters erforderlich. Es reicht eben nicht, einfach 10 oder 20 Prozent weniger Futter in den Napf zu geben. Wenn Sie Ihren Hund gesund ernähren wollen, sollten Sie sich das notwendige theoretische Grundgerüst erarbeiten, mit dem die nachfolgende Abnehmtherapie erst verstanden und mit Erfolg durchgeführt werden kann. Alles was Sie dazu brauchen, sind die folgenden Tabellen, eine Packung/Dose Futter Ihres Hundes und einen Taschenrechner.

Energie als Treibstoff für den Körper

Wie alle Lebewesen benötigt auch der Hund die aus der Nahrung gewonnene Energie zur Aufrechterhaltung aller lebensnotwendigen Körperfunktionen (zum Beispiel Atmung, Kreislauf, Verdauung, Körpertemperatur und so weiter) und zur normalen täglichen Bewegung. Die dafür notwendige Energiemenge wird „Erhaltungsbedarf" genannt. In unterschiedlichen Phasen wie zum Beispiel im Wachstum, während der Trächtigkeit oder Säugezeit oder bei besonderen körperlichen Leistungen besteht ein zusätzlicher Energiebedarf.

Energieeinheiten – die Futterenergie

Die vom Hund benötigte Energie steckt im aufgenommenen Futter (= Futterenergie). Aber nicht der gesamte Energiegehalt eines Futtermittels (genannt Bruttoenergiegehalt) wird vom Hund verwertet. Vielmehr geht ein bedeutender Anteil der Energie dadurch verloren, dass der Hund nur unzureichend in der Lage ist, alle im Futtermittel enthaltenen Nährstoffe vollständig zu verdauen und als Energie zu nutzen. Ein Teil der Energie aus den Futtermitteln geht immer über den Kot und Harn verloren und muss von der im Futter enthaltenen Gesamtenergie (= Bruttoenergie) abgezogen werden. Als Ergebnis erhält man die umsetzbare Energie, die unmittelbar für den Erhaltungs- und Leistungsstoffwechsel des Hundes zur Verfügung steht. Das ist in den folgenden Tabellen berücksichtigt.

Übersicht 1:
Wissenswertes zu den Energieeinheiten beim Hund

Energiebewertung:	umsetzbare Energie (uE)
Energieeinheit:	Joule, Abkürzung J; früher Kalorie (cal) 1.000 J = 1kJ (Kilojoule)
	1.000 kJ = 1 MJ (Megajoule)
Umrechnung:	0,2388 cal = 1J
	1 cal = 4,1686 J

Die Angabe der Futterenergie und des Energiebedarfes des Hundes erfolgt in Form der so genannten umsetzbaren Energie (uE) mit der Einheit Joule (J).

Wie viel Energie braucht der Hund eigentlich?

Generell gilt, dass das Körpergewicht eines normalgewichtigen Hundes, der korrekt nach den Vorgaben des Erhaltungsbedarfs versorgt wird, unverändert bleibt, da Energiezufuhr und -abgabe sich die Waage halten. Es muss jedoch immer bedacht werden, dass es sich dabei um durchschnittliche Bedarfswerte handelt, die von Hund zu Hund in weiten Bereichen nach oben oder unten abweichen können. Die Futterverwertung und die Haltungsbedingungen des einzelnen Hundes spielen dabei eine große Rolle.

Energiebedarf von erwachsenen Hunden

Am einfachsten ist der Energiebedarf für erwachsene normalgewichtige Hunde zu bestimmen, da diese „nur" ihr Gewicht konstant halten sollen. Grundsätzlich gilt, dass große Rassen pro Kilogramm Körpergewicht weniger Energie benötigen als kleine Rassen, da sie eine kleinere relative Körperoberfläche aufweisen, über die weniger Wärme und damit weniger Energie verloren geht.

Zusätzlich muss bei erwachsenen Tieren zwischen jüngeren bewegungsfreudigeren und älteren weniger aktiven Hunden unterschieden werden, da die Bewegungsaktivität einen wesentlichen Einfluss auf den Energiebedarf hat.

Lassen Sie sich nicht täuschen: Der Große braucht im Verhältnis zum Eigengewicht weniger Energie.

Abbildung 1:
Durchschnittlicher täglicher Energiebedarf für aktive erwachsene und ältere, weniger aktive Hunde zur Erhaltung des Körpergewichtes

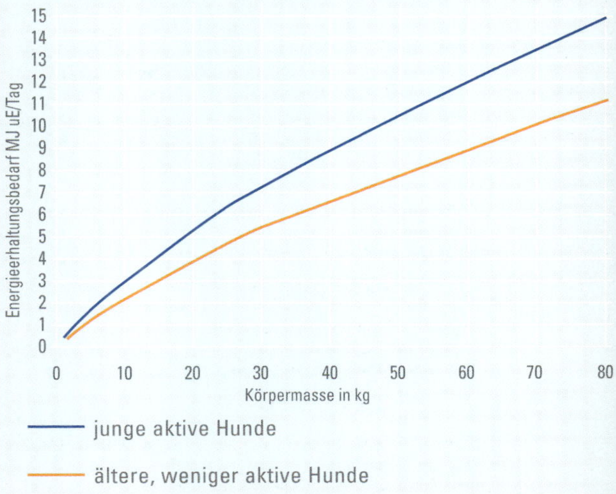

Ältere Hunde werden ruhiger und benötigen deutlich weniger Energie.

Hinweis

Ein Boxer mit 30 Kilogramm Idealgewicht hat demnach als jüngerer aktiver Hund einen Erhaltungsbedarf von 7,2 Megajoule umsetzbarer Energie pro Tag, ein älterer oder wenig aktiver Boxer aber nur von 5,4 Megajoule umsetzbarer Energie. Zusammen mit dem Energiegehalt des Futters (Berechnungsformel auf Seite 16) ergibt sich die benötigte Futtermenge.

Energiebedarf von älteren Hunden

So wie junge bewegungslustige Hunde und Welpen haben auch ältere Hunde einen besonderen Energiebedarf. Der Alterungsprozess großer Hunderassen beginnt durchschnittlich ab dem siebenten Lebensjahr. Erste Anzeichen dafür werden bei kleinen Rassen, die im Allgemeinen eine

Bei Welpen großer Rassen ist „zu gutes" Futter besonders gefährlich.

Abbildung 2:
Empfehlung zur Energieversorgung während des Wachstums bei Hunderassen verschiedener Größen

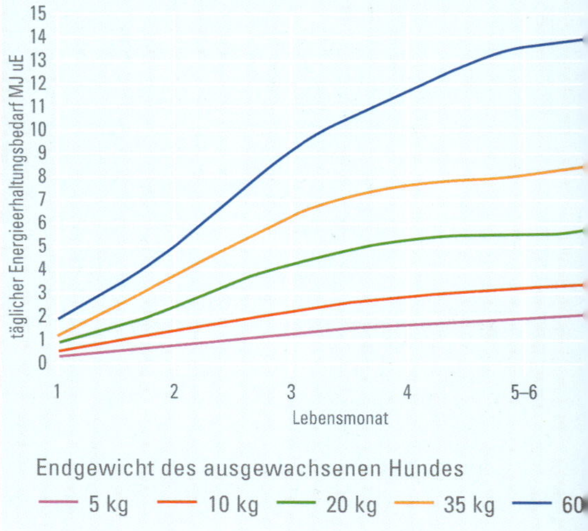

höhere Lebenserwartung haben, erst etwa ab dem zehnten Lebensjahr spürbar. In der Regel lässt die Bewegungsaktivität alter Hunde drastisch nach, sodass ihr Energiebedarf etwa 20 Prozent unter dem jüngerer Tiere liegt.

Energiebedarf von Welpen

Auf die richtige Ernährung von Welpen sollte besonders geachtet werden, da eine Überversorgung mit Energie vor allem bei großwüchsigen Rassen schwerwiegende Schäden an Knochen und Gelenken bewirken kann (siehe Kapitel Übergewicht und Gesundheit). Dass kleine Hunde weniger betroffen sind, hängt zum einen vom Umfang der Wachstumsleistung wie auch von der Wachstumsdauer ab. Hunde kleiner Rassen sind mit ungefähr zehn Monaten ausgewachsen, mittelgroße mit etwa 15 Monaten, während große Hunde ihr Endgewicht erst mit ungefähr 18 Monaten erreichen. Die Ernährung von Welpen ist besonders anspruchsvoll, da sich der Energiebedarf im Laufe des Wachstums ständig ändert und vom zu erreichenden Erwachsenengewicht abhängt. Für wachsende Hunde werden die aus der Abbil-

Eine säugende Hündin braucht viel „Extraenergie", um nicht abzubauen.

dung 2 abzulesenden Energiebedarfswerte empfohlen. Ein Beispiel soll die Abbildung 2 erläutern: Ein Hund, der nach Rassestandard etwa 20 Kilogramm erreichen wird, sollte im dritten Lebensmonat pro Tag eine Futtermenge aufnehmen, die einem Energiegehalt von 4,2 Megajoule umsetzbarer Energie entspricht. Vom sechsten bis zwölften Lebensmonat sollte der junge Hund eine tägliche Energiezufuhr von etwa 6,1 Megajoule umsetzbarer Energie erhalten.

Auch ein ausgedehnter Spaziergang ist noch keine besondere Anstrengung, die wesentlich mehr Energie erfordert.

Energiebedarf von tragenden oder säugenden Hündinnen

Auch die Trächtigkeit ist eine Leistung des Körpers, die „Extraenergie" erfordert (das 1,3- bis 1,5fache des Erhaltungsbedarfs in der zweiten Trächtigkeitshälfte). Die Energie wird vor allem für das Wachstum der Feten benötigt, während nur ein Bruchteil als Fettreserve für die Säugezeit angelegt wird. Mit der Geburt und der nachfolgenden Säugezeit wird dieser Zuwachs an Körpermasse schnell wieder abgebaut. Der Energiebedarf in dieser Zeit ist bei kleineren Rassen mehr als verdoppelt, während große Rassen in Abhängigkeit von der Welpenanzahl bis zum Fünffachen des Erhaltungsbedarfs benötigen. Aufgrund dieser Tatsache ist eine Energieüberversorgung kein Problem der Milch gebenden Hündin.

Diensthunde, die stundenlang hochkonzentriert arbeiten, verbrennen viel Energie.

Energiebedarf für besondere körperliche Leistung

Nur wesentlich höhere Bewegungsleistungen gegenüber der üblichen täglichen Bewegung, wie sie zum Beispiel von Jagd-, Dienst- und Schlittenhunden geleistet werden, erfordern eine besondere Berücksichtigung bei der Berechnung des Energiebedarfs.

Die Futterempfehlung auf der Dose können nur Anhaltspunkte sein. Besser: Sie wiegen ihr Tier regelmäßig und passen die Futtermenge an.

Das Futter

Welche Futterbestandteile sind die wichtigsten Energielieferanten?

Die Hauptenergielieferanten in der Nahrung sind Kohlenhydrate, Fette und Eiweiße (Proteine). Fette stellen die konzentrierteste Form von Energie für den Körper dar, sie zeigen verglichen mit Proteinen und Kohlenhydraten einen zirka 1,5- bzw. zweifach höheren Energiegehalt.

Während Fette beispielsweise in Talg, Schmalz und Pflanzenölen in hohen Anteilen zu finden sind, ist Eiweiß in Muskelfleisch, Innereien, Fisch, Eiern und Milchprodukten vorhanden. Zu den wichtigsten Kohlenhydraten zählen Stärke und Zucker, die im Wesentlichen aus Getreide, Reis, Nudeln und Kartoffeln stammen.

Welche Angaben erscheinen auf jeder Futtermittelverpackung?

Die Art der Kennzeichnung, also die Angaben auf den Futtermittelverpackungen, werden durch das Futtermittelgesetz vorgeschrieben. Man unterscheidet Alleinfutter, Ergänzungsfuttermittel und Beifutter. Während die Alleinfutter zur alleinigen Nährstoffversorgung des Hundes vorgesehen sind, werden Ergänzungsfuttermittel (zum Beispiel Mineralfutter) eingesetzt, um notwendige Nährstoffe in der Ration zu ergänzen. Beifutter, die zur Belohnung und Beschäftigung (zum Beispiel Hundekuchen, Kauknochen) gedacht sind, werden zusätzlich zu Alleinfutter oder gemischten Rationen gegeben.

Übersicht 2: Vorschriften für die Kennzeichnung von Allein- und Ergänzungsfuttermitteln

1. Bezeichnung des Futtermittels (Allein- oder Ergänzungsfuttermittel)

2. Angaben über:

- Feuchtigkeitsgehalt (>14 Prozent)
- Inhaltsstoffe in Prozent der Originalsubstanz
  Rohasche (Ra)
  Rohprotein (Rp)
  Rohfett (Rfe)
  Rohfaser (Rfa)
- enthaltene Einzelfuttermittel oder deren Gruppe
- Nettogewicht
- Mindesthaltbarkeitsdatum bzw. Herstellungsdatum
- Zusatzstoffe

3. Name und Anschrift des Verantwortlichen in der Europäischen Union, der das Futter in den Verkehr bringt

Weitere Angaben bezüglich der Zielgruppe (zum Beispiel Alleinfutter für Welpen oder ältere Hunde) darf der Futtermittelhersteller anführen, sie sind jedoch deutlich von den Pflichtangaben zu trennen.

Wie viel Energie steckt in meinem Hundefutter?

Zu den vorgeschriebenen Informationen auf der Futtermittelverpackung gehört leider nicht die Angabe des Energiegehaltes. Doch aufgrund der auf der Verpackung angegebenen Nährstoffgehalte ist es für jeden Hundebesitzer mithilfe eines Taschenrechners möglich, die im Futter enthaltene Energie selbst zu berechnen (Formel Seite 16 unten). Die Energiekalkulation erfolgt hier nach einer einfachen leicht anzuwendenden Formel, die von der Gesellschaft für Ernährungsphysiologie 2003 noch einmal modifiziert wurde.

Die Nährstoffgehalte sind angegeben in Gramm oder Prozent der Originalsubstanz, das heißt in der Form, in der das Futter vorliegt. Bei Trockenfuttern fehlt zumeist die Angabe der Feuchtigkeit, die aber in der Regel zwischen 10 und 12 Prozent (100–120 Gramm/Kilogramm) liegt. Für die Energieberechnung ist weiterhin auch der Gehalt an stickstofffreien Extraktstoffen (NfE), einer vor allem aus Kohlenhydraten bestehenden Gruppe, notwendig (siehe Seite 16 oben). Der Anteil der stickstofffreien Extraktstoffe ist nicht auf der Futtermittelverpackung angegeben, lässt sich jedoch mithilfe der anderen Angaben leicht bestimmen (siehe Punkt 1). Für die Berechnung der stickstofffreien Extraktstoffe werden alle anderen Rohnährstoffgehalte, sofern sie in Prozent angegeben sind, von 100 abgezogen (bei Angaben in Gramm von 1.000). Das Ergebnis setzt man wie die anderen Rohnährstoffwerte auch in die entsprechende Formel zur Berechnung des Futterenergiegehalts ein (siehe Punkt 2). Mit dem Ergebnis kann der Hundebesitzer die angemessene Futtermenge für den Hund bestimmen.

Abbildung 3:

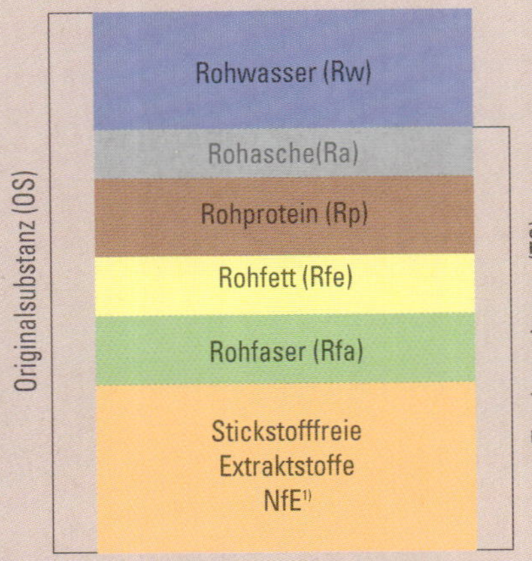

[1] durch Differenz errechnet:
NfE = OS – Rw – Ra – Rp – Rfe – Rfa

Übersicht zu Nährstoffangaben in Futtermitteln

Die Angaben über Inhaltsstoffe auf Futtermittelpackungen zu lesen ist der erste Schritt zur angemessenen Ernährung des Hundes.

Übersicht 3:
Schritte zur Errechnung des Energiegehalts im Fertigfutter

1 Berechnung der stickstofffreien Extraktstoffe
bei Angaben in Prozent:
NfE (%) =
100 – Rw (%) – Ra (%) – Rp (%) – Rfe (%) – Rfa (%)

2 Schätzung der umsetzbaren Energie
bei Angaben in Prozent:
uE (MJ/kg) =
0,17 × Rp (%) + 0,374 × Rfe (%) + 0,146 × NfE (%) – 0,12 × Rfa (%)

Übersicht 4:
Berechnung anhand eines Beispiels
Ein zehn Jahre alter Labrador Retriever von 45 Kilogr Gewicht erhält neben Leckerli ein Trockenfutter (12 Prozent wasser,Rw), welches 5,8 Prozent Rohasche (Ra), 26 Prozent protein (Rp),16 Prozent Rohfett (Rfe) und 2,5 Prozent Roh (Rfa) enthält.

1. Berechnung der stickstofffreien Extraktstoffe:
NfE = 100 – 12 – 5,8 – 26 – 6 – 2,5 = 37,7 Prozent

2. Gehalt an umsetzbarer Energie im Futter
uE (MJ/kg) =
0,17 × 26 + 0,374 × 65 + 0,146 × 37,7 – 0,12 × 2,5 = 15,6 MJ/kg

3. benötigte Futtermenge (FM)
FM (g) = 6(MJ) / 1,56 (MJ/100g) × 100 = 385 g

Die Formel für die Berechnung der benötigten Futtermenge lautet:
Energiebedarf des Tieres (Megajoule) : Energiegehalt des Futters (Megajoule/100 Gramm) × 100 = tägliche Futtermenge für das Tier in Gramm.
Im Falle unseres Labradors ergibt sich daraus sofort die Erklärung, warum an seinem Übergewicht von fast 10 Kilogramm nicht nur die Häppchen vom Tisch und von netten Nachbarn schuld sind. Der Energiegehalt seines Alleinfutters beträgt nach der Kalkulation 15,6 Megajoule umsetzbarer Energie je Kilogramm. Mit 500 Gramm Alleinfutter pro Tag nimmt er 15,6 Megajoule umsetzbarer Energie/1.000 Gramm × 500 Gramm = 7,8 Megajoule umsetzbarer Energie auf und ist damit deutlich überversorgt. Nach Rassestandard liegt das Idealgewicht etwa bei 35 Kilogramm. Für diese Gewichtsklasse ist nach Abbildung 1 der durchschnittliche Erhaltungsbedarf für einen älteren Hund mit 6,0 Megajoule umsetzbarer Energie pro Tag anzugeben. (Diätvorschlag siehe letztes Kapitel.)

Mit dem Taschenrechner bekommen Sie schnell eine Einschätzung: Ist die Energieaufnahme zu hoch?

Trockenfutter ist oft nicht energiereicher als Dosenfutter, wenn man den Wasseranteil herausrechnet.

Wie kann ich Futtermittel mit unterschiedlichen Feuchtigkeitsgehalten miteinander vergleichen?

Um die Energiegehalte von Trockenfutter und Feuchtfuttermitteln vergleichen zu können, muss das Wasser vollständig herausgerechnet werden. Das ist deshalb wichtig, weil der Wasseranteil im Futter nicht nennenswert zur Sättigung der Tiere beiträgt, sie trinken nur weniger. Die Energie aber steckt in der Trockensubstanz. So können sich unter Umständen Feuchtfutter, deren Energiegehalt bezogen auf die Originalsubstanz gering erscheint, bei der Umrechnung auf den Trockensubstanzgehalt als „Kalorienbomben" entpuppen. Um dies zu kalkulieren, errechnen Sie zunächst den Trockensubstanzgehalt (= 100 – Feuchtigkeitsgehalt), teilen dann den Nährstoffgehalt durch den Trockensubstanzgehalt und multiplizieren das Ergebnis mit 100.

Im dargestellten Beispiel der Tabelle hier wird deutlich, dass es sich beim Feuchtfutter um ein energiereicheres Futter handelt als beim aufgeführten Beispiel für Trockenfutter.

Tabelle 3
Beispiel für den Vergleich des Energiegehaltes (Megajoule umsetzbarer Energie) in Feucht- und Trockenfutter anhand der Umrechnung auf den Gehalt in der Trockensubstanz

	Feuchtfutter	Trockenfutter
Energiegehalt in der Originalsubstanz (MJ uE/kg OS)	0,56	1,40
Feuchtigkeitsgehalt (%)	71,0	12,0
Trockensubstanzgehalt (%; 100–Feuchtigkeitsgehalt)	29,0	88,0
Energiegehalt in der Trockensubstanz (MJ uE/kg TS)	1,93	1,59

Werden Welpen falsch ernährt, kann sich das auf ihr ganzes Leben auswirken.

Übergewicht und Gesundheit

Warum ist eine Überfütterung gerade für Welpen so gefährlich?

Die endgültige Größe eines Hundes ist zwar durch seine Erbanlagen festgelegt, wissenschaftliche Untersuchungen haben jedoch ergeben, dass eine Überfütterung von jungen Hunden zu schnellerem Wachstum führt und sich negativ auf die Gesundheit auswirkt. Vor allem bei großwüchsigen Rassen kann eine Energieüberversorgung in den ersten drei bis sechs Lebensmonaten verschiedene Wachstumsstörungen des Skeletts bewirken. Die zu frühzeitig entstehenden Muskelmassen überlasten das in diesem Stadium noch ungenügend mineralisierte, weniger stabile Skelett. Es entstehen Verknöcherungsstörungen und Knorpelschäden an Gelenken, die entsprechende Schmerzen und Lahmheiten auslösen. Am häufigsten betroffen sind Ellbogen-, Schulter- und Kniegelenke. Eine schonende, langsame Aufzucht, die sich an den jeweiligen Energiebedarfswerten (siehe Abbildung 2) orientiert, ist daher besonders bei Welpen großer Rassen anzuraten.

Wie sollten Welpen gefüttert werden?

Welpen sollten wöchentlich gewogen und die Futterration in Abhängigkeit vom Körpergewicht angepasst werden. Eine angemessene, nicht übermäßige Fütterung soll junge Hunde vor Fettansatz und zu schnellem Wachstum bewahren. Wenn in der siebenten Lebenswoche das vollständige Absetzen von der Mutter eingeleitet wird, ist es ratsam, langsam auf ein Welpenalleinfutter umzusteigen. Mit diesen Produkten ist ein ausgewogenes Nährstoffverhältnis garantiert, wobei Produkte für große beziehungsweise mittelgroße und kleine Rassen unterschieden werden. Ergänzungsfuttermittel wie Mineralstoff- oder Vitaminpräparate dürfen keinesfalls zu einem im Nährstoffgehalt ausgewogenen Alleinfutter zugegeben werden.

Auch kleine Welpen sollten einmal die Woche gewogen werden, um ihre Gewichtszunahme zu kontrollieren.

Wie kontrolliert man, ob der Welpe richtig gefüttert wird?

Man muss immer im Hinterkopf behalten, dass es sich auch bei den für Welpen angegebenen Bedarfswerten um Mittelwerte handelt, die je nach Gewichtsentwicklung des einzelnen Hundes nach oben oder unten korrigiert werden müssen. Hilfreich sind dafür die abgebildeten Wachstumskurven (siehe Abbildung 4) für die jeweiligen Gewichtsgruppen. Am besten wird der Hund einmal wöchentlich immer am selben Wochentag gewogen. Das ermittelte Gewicht wird dem Lebensalter entsprechend in das Wachstumskurvendiagramm eingetragen und mit derjenigen Gerade verglichen, die dem zu erwartenden Erwachsenengewicht am nächsten kommt. Liegt der eingetragene Wert deutlich über der Kurve, sollte die Energiezufuhr reduziert werden, liegt er deutlich darunter, kann mehr gefüttert werden.

Alleinfutter, zum Beispiel für Welpen, benötigen keine Ergänzungen mit anderen Futtermitteln.

Abbildung 4
Wachstumskurve von Junghunden in den ersten zwölf Monaten

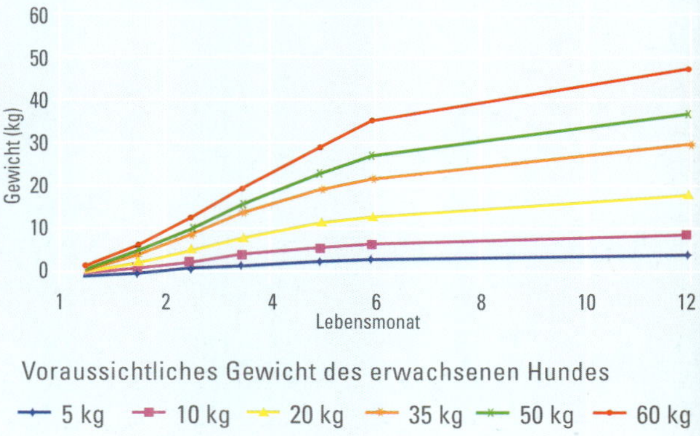

Das Übergewicht belastet die Gesundheit des Hundes unnötig.

Gesundheitsstörungen infolge von Übergewicht beim erwachsenen Hund

Ebenso wie beim Menschen beeinträchtigt Übergewicht nicht nur das Wohlbefinden und die Lebensqualität des Hundes, sondern kann sich auch in erheblichem Maße kurz- oder langfristig auf die Gesundheit auswirken. Es gibt genügend medizinische Gründe, eine Verfettung zu behandeln oder besser noch ihr vorzubeugen.

Die überschüssigen Pfunde belasten in besonderem Maße die Gelenke, sodass ein großes Risiko zur Entstehung von Skeletterkrankungen besteht. Die übergewichtigen Tiere bewegen sich weniger und haben einen geringeren Energiebedarf. Wird zu diesem Zeitpunkt an der Fütterung nichts geändert, kommt es unweigerlich zu weiteren Gewichtszunahmen.

Übergewicht führt zu einer starken Beanspruchung des Kreislaufsystems, da zur Durchblutung einer größeren Körpermasse eine erhöhte Leistung des Herzens erforderlich ist. Bemerkbar macht sich dies, wenn der Hund bei normaler körperlicher Bewegung schwer atmet und sehr rasch ermüdet.

In der Humanmedizin ist seit langem ein enger Zusammenhang zwischen Fettleibigkeit und dem erhöhten Risiko zur Entstehung einer Zuckerkrankheit bekannt und gilt seit einiger Zeit auch bei Hunden als erwiesen.

Übergewicht hat ein erhöhtes Operations- und Narkoserisiko zur Folge. Chirurgische Eingriffe am Bauch fettleibiger Tiere sind für den Chirurgen technisch schwieriger und damit risikoreicher durchzuführen. Häufig kommt es aufgrund der erheblichen Fettschicht unter der Haut zu Wundheilungsstörungen.

Außerdem haben wissenschaftliche Untersuchungen ergeben, dass die Abwehrleistung gegenüber Infektionskrankheiten eingeschränkt ist und sehr fette Tiere zu Tumorbildung neigen.

Auch Kuchenkrümel haben Kalorien, die sich summieren.

Die Ernährung des übergewichtigen Hundes

Was frisst mein Hund bisher?

In den meisten Fällen ist es den Hundehaltern ein Rätsel, warum ihr Hund plötzlich so rund geworden ist. Manchmal haben sich Angewohnheiten wie das Füttern vom Tisch oder unberücksichtigte Nahrungszufuhr über andere Familienmitglieder eingeschlichen. Eine nüchterne Analyse ist notwendig, in deren Verlauf schnell klar werden wird, wo das Problem eigentlich liegt. Geeignet für eine solche „Selbstanalyse" ist die folgende Checkliste:

- Wird das Futter bedarfsgerecht und gezielt zugeteilt?
- Ist das Futter in den letzten Wochen oder Monaten gewechselt worden?
- Werden die Herstellerempfehlungen (auf der Verpackung) eingehalten? Werden Extrabissen bei der Zuteilung der Futtermenge berücksichtigt?
- Ist das Futter dem Alter des Hundes angemessen?
- Gibt es Familienmitglieder, Bekannte oder Nachbarn, die dem Hund eventuell ein paar Leckerlis zustecken?
- Leben im selben Haushalt noch andere Hunde oder Katzen, an deren Futter sich der Hund bedienen kann?
- Hat der Hund weniger Bewegung oder Auslauf?
- Bestehen zusätzlich zur Gewichtszunahme besondere Hinweise auf andere Erkrankungen? Eine Abklärung durch den Tierarzt ist dann notwendig.

Belohnungshappen werden bei der Futterberechnung meist übersehen, müssen aber mitgezählt werden.

Warum nimmt mein Hund zu, obwohl ich wie vorgeschrieben füttere?

Die auf der Verpackung angegebenen Fütterungsempfehlungen sind Durchschnittswerte und können für den einzelnen Hund bis zu 30 Prozent nach oben oder unten abweichen. Der gute Futterverwerter (oft bestimmte Rassen, siehe Tabelle 1) nimmt mit der angegebenen Futtermenge zu, ein anderer Hund gleicher Größe unter Umständen ab. Daher sollte jeder Hundebesitzer das Gewicht und die Figur seines Vierbeiners regelmäßig kontrollieren, dann wird er schnell herausfinden, ob die tägliche Futterration gekürzt oder vielleicht sogar erhöht werden muss.

Der Weg zum richtigen Gewicht

Sobald das aktuelle Gewicht und das zu erreichende Idealgewicht bekannt sind, ist es sehr wichtig, alle Personen, die mit dem Hund Umgang haben, von der Notwendigkeit einer Gewichtsabnahme des Hundes zu überzeugen. Die Erfolgsaussichten eines Diätprogrammes sind denkbar gering, wenn die entsprechenden Regeln auch nur von einem Familienmitglied missachtet werden. Am besten ist es, wenn nur eine bestimmte Person des Haushalts für die Fütterung des Hundes verantwortlich ist und den Überblick behält. Radikalkuren mit vollständigem Futterentzug können gefährlich für den Hund werden und sind aus tierschutzrechtlichen Gründen unbedingt abzulehnen.

Setzen Sie einen Hund nie auf Nulldiät.

Je nach Ausmaß des Übergewichts, Alter und Gesundheit des Tieres sollte sich die Gewichtsabnahme des Hundes innerhalb einer Woche zwischen 1 und 2 Prozent des Gesamtkörpergewichtes bewegen. Ein beispielsweise 30 Kilogramm schwerer Hund, dessen Idealgewicht 25 Kilogramm beträgt, verliert auf diese Weise pro Woche zwischen 0,3 und 0,6 Kilogramm seines Körpergewichts. Es vergehen also bei einem wöchentlichen Gewichtsverlust von 0,3 Kilogramm etwa vier Monate, während es bei einer wöchentlichen Abnahme von 0,6 Kilogramm gute acht Wochen dauert, bis das erwünschte Körpergewicht erreicht ist. Dieses Beispiel zeigt, dass viel Geduld für die Durchführung einer Diät nötig ist.

Zur Kontrolle des Diäterfolges und zur eigenen Motivation sollte der Hund einmal pro Woche, am besten immer am gleichen Wochentag, vor dem Fressen auf derselben Waage gewogen werden. Die jeweils ermittelten Gewichte werden notiert.

Zum eigentlichen Diätprogramm zählen drei Maßnahmen:

1. Die Umstellung der Ernährung
2. Bestimmte Verhaltensregeln, die Mensch und Tier das Abnehmen erleichtern
3. Langsame Steigerung der täglichen Bewegung

Die Umstellung der Ernährung als wichtigste Maßnahme

Um die überschüssigen Kilos loszuwerden, muss das Tier deutlich weniger Energie erhalten, als zur Erhaltung des Idealgewichtes notwendig wäre. Ansonsten ist ein Gewichtsverlust über die Ernährung nicht zu erreichen. Das bedeutet, dass beispielsweise ein 25 Kilogramm schwerer Hund, der eigentlich 20 Kilogramm wiegen sollte, immer noch kein Gramm Gewicht verliert, wenn er nach

Wenn Hunde abnehmen sollen, heißt es buchstäblich fdH.

Abbildung 5
Um 40 Prozent reduzierter täglicher Energiebedarf für jüngere aktive und ältere, weniger aktive Hunde zur Vermeidung des Übergewichtes

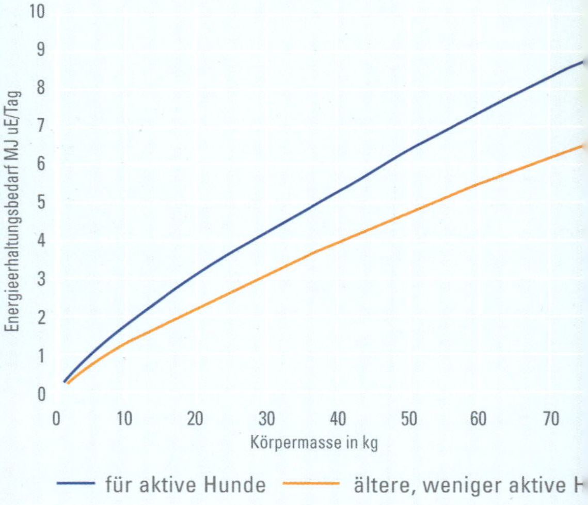

Mit ballaststoffreichen und sättigenden Futtermitteln wird der Hundemagen gefüllt, und der Hunger gestillt.

dem Energiebedarf eines 20 Kilogramm schweren Tieres gefüttert wird. Erst wenn die Energiezufuhr über das Futter 40 Prozent weniger beträgt als für das erwünschte Körpergewicht notwendig wäre, nimmt der Hund ab (siehe Abbildung 5).

Es bestehen drei Möglichkeiten, die Energiezufuhr zu verringern. Zum einen kann die Menge des alten Futters verringert werden, zum anderen kann man dem Hund ein speziell zur Gewichtsabnahme entwickeltes Diätfutter geben. Als dritte Variante bietet sich die Herstellung einer eigenen Futterration an.

Weniger vom alten Futter

Soll das Futter nicht gewechselt und nur in der Menge reduziert werden, besteht bei der Fütterung über einen längeren Zeitraum die Gefahr einer unzureichenden Nährstoffversorgung. Auch das Sättigungsgefühl ist möglicherweise nicht ausreichend, sodass unange-

Rohe Mohrrüben werden meist begeistert geknabbert.

nehme Begleiterscheinungen wie ständiges Betteln, Aufnahme artfremder Nahrung (zum Beispiel während der Spaziergänge) oder in Ausnahmefällen sogar aggressives Verhalten des Hundes nicht auszuschließen sind. Indem man so genannte ballaststoffreiche „Füllstoffe" mit in den Napf gibt, kann ein ausreichendes Sättigungsgefühl erreicht werden. Dazu zählen rohes Gemüse und Obst wie zum Beispiel geraspelte Möhren, Äpfel oder auch Weizenkleie.

Ein spezielles Diätalleinfutter

Im Handel und auch beim Tierarzt werden einige speziell zur Gewichtsabnahme entwickelte Alleinfutter angeboten, welche die Fütterung ungemein erleichtern. Wichtig ist vor allem, dass die Nährstoffversorgung ausgeglichen ist, während der Energiegehalt im Wesentlichen durch geringere Fettgehalte reduziert wird. Je nach Hersteller unterscheiden sich diese Nahrungen bei den Anteilen an unverdaulichen Faserstoffen, verdaulichen Kohlenhydraten und Proteinen. Wird der Fettanteil durch große Mengen an unverdaulichen Fasern (auf der Verpackun als „Rohfaser" gekennzeichnet) ersetzt, werden vom Hund große Mengen an Kot abgesetzt. Ein weiterer Nachteil von fettreduzierten Diäten ist unter Umständen die mangelnde Schmackhaftigkeit, sodass der Hund das neue Futter verweigert. Ein langsames Zumischen über einige Tage zum gewohnten Futter bis zum vollständigen Austausch kann hilfreich sein, dieses Problem in den Griff zu bekommen. Eine andere Möglichkeit besteht darin, das Trockenfutter mit lauwarmem Wasser (37–38 Grad Celsius) im Verhältnis 1:1 anzufeuchten. Dadurch werden die Aromastoffe des Futters freigesetzt und die Schmakkhaftigkeit erhöht. Einige Firmen bieten Reduktionsdiäten nicht nur als Trocken-, sondern auch als Dosenfutter an, welches in der Regel lieber gefressen wird.

Knochen aus Büffelhaut sind eine kalorienarme Kaubeschäftigung.

Selbst zubereitete Hundenahrung

Die aufwendigste Methode, seinen Vierbeiner wieder schlank zu bekommen, ist es, eine eigene Futterration herzustellen. Besondere Kenntnisse über den Nährstoffbedarf, die Zusammensetzung der einzelnen Futtermittel und die Zubereitung und Lagerung der Nahrung sind notwendig, um den Hund bedarfsgerecht zu ernähren und gleichzeitig eine Gewichtsabnahme zu erreichen.

Um es Ihnen zu erleichtern, sind hier zwei mögliche Rezepte vorgeschlagen.

Tabelle 4
Beispiele für die Zusammensetzung eigener Rationen zur Verringerung von Übergewicht

Vorschlag 1	Prozent	Vorschlag 2	Prozent
Karotten	27,0	Rindfleisch, fettarm[1]	25,0
Nudeln, roh[1]	24,0	Quark, mager	10,0
Weizenkleie	21,0	Reis, ungeschält roh[1]	35,3
Brust, Huhn[1]	20,0	Kohlrabi	15,0
Quark, mager	5,25	Weizenkleie	12,0
Maiskeimöl	1,0	Kronen's Mineral[3]	2,50
Vitakalk®[2]	1,0	jodiertes Speisesalz	0,20
Futterkalk	0,50		
jodiertes Speisesalz	0,25		
Energie: (Megajoule umsetzbarer Energie/100 Gramm Futter)	0,72	Energie: (Megajoule umsetzbarer Energie/100 Gramm Futter)	0,78

[1] muss gekocht werden
[2] Firma MFA Marienfelde
[3] Firma Kronen Spezialnahrung GmbH

Hunde gehören zwar zu den Fleischfressern, sind aber auch auf pflanzliche Kost eingestellt..

Die Angabe, wie viel Energie in 100 Gramm Futter des jeweiligen Rezepts steckt, macht es leicht, bei bekanntem Energiebedarf des Hundes die erlaubte Futtermenge wie folgt zu berechnen:

1. Formel zur Berechnung der täglichen Futtermenge:
   Energiebedarf (Megajoule) : Energiegehalt (Megajoule/100 Gramm) × 100 = tägliche Futtermenge (Gramm)

Ist die tägliche Futtermenge bekannt, müssen nur noch die Gewichtsanteile der einzelnen Zutaten korrekt errechnet und abgewogen werden.

2. Berechnung der einzelnen Zutaten in Gramm
   Vorgeschriebener Anteil der Zutat (Prozent) : 100 × tägliche Gesamtfuttermenge = Anteil der Zutat (Gramm)

Welche Futtermittel sind während einer Diät absolut tabu?

Um eine erfolgreiche Gewichtsabnahme des Hundes zu erreichen, ist es unbedingt notwendig, besonders kalorienreiche Futtermittel zu meiden. Dazu zählen zwar kleine, aber sehr fett- und zuckerreiche Leckerlis wie Hundekuchen oder Hundecracker. Auch fettreiche Dinge wie Sahne, Speiseöl, Süßigkeiten oder auch das beliebte Leberwurstbrot müssen vom Speiseplan gestrichen werden. Möchte man nicht ganz auf kleine Extrabissen oder Belohnungen verzichten, kann rohes kalorienarmes Gemüse wie beispielsweise Karottenstückchen verfüttert werden. Auch energiearme Büffelhautknochen oder Rinderohren dürfen zur Beschäftigung oder zur Befriedigung des Kaubedürfnisses gegeben werden. Eine andere Möglichkeit besteht darin, einen Teil der Tagesration, die am besten in einer separaten Dose aufbewahrt wird, als Leckerli zu verabreichen. Im Handel angebotene besonders energiearme Snacks, die im Rahmen eines Diätprogrammes gegeben werden, können nach kritischer Überprüfung des Energiegehalts auch geeignet sein.

An das oft energiereichere Katzenfutter sollten Hunde nicht gelangen.

Diät zu halten macht Hunden zu schaffen. Sorgen Sie für Ablenkung, zum Beispiel durch mehr spielen.

Welche Verhaltensweisen sind hilfreich für eine erfolgreiche Gewichtsabnahme?

Hunde, die auf Diät gesetzt werden, können sehr lästig werden, daher ist es unbedingt nötig, sich besondere Verhaltensweisen anzugewöhnen. Am besten werden Speisen nicht vor den Augen des Hundes zubereitet oder verzehrt. Das Füttern anderer im Haushalt lebender Tiere sollte ebenfalls separat erfolgen, um Futterneid zu vermeiden.

Konsequenz und starke Nerven sind gefordert, wenn der Hund trotz allem bettelt und unzufrieden erscheint. Manchmal ist es hilfreich, die gesamte Tagesration auf mehrere kleine Mahlzeiten aufzuteilen und den Hund durch Spaziergänge oder Spiele abzulenken. Nach einiger Zeit wird er sich über die gemeinsam verbrachte Zeit mehr freuen als über ein Extrahäppchen und verbraucht als positiven Nebeneffekt Energie.

Beispiel einer Diät

Der bereits im Kapitel „Wie viel Energie steckt in meinem Hundefutter" erwähnte zehn Jahre alte männliche Labrador Retriever wiegt zurzeit 45 Kilogramm. Das Tier ist wenig aktiv und neben der Versorgung mit Trockenfutter (zirka 500 Gramm täglich) bestehen für das Tier noch andere Futterquellen (Häppchen vom Tisch und bei den Nachbarn).

Empfohlene Versorgung:

Nach Rassestandard liegt das Idealgewicht etwa bei 35 Kilogramm. Für diese Gewichtsklasse ist nach Abbildung 1 der durchschnittliche Erhaltungsbedarf für einen älteren Hund mit 6,0 Megajoule umsetzbarer Energie pro Tag anzugeben. Zu bedenken ist dabei, dass gerade auch Labrador Retriever zu den Rassen gehören, die häufiger von Übergewicht betroffen sind.

Bei der Umstellung der Ernährung sollte auch die Bewegung gesteigert werden.

Beurteilung der ermittelten Daten:

Der Hund wird allein durch das Trockenfutter deutlich mit Energie überversorgt (statt Zuteilung von 6,0 Megajoule umsetzbarer Energie tägliche Aufnahme von 7,8 Megajoule umsetzbarer Energie).

Diätvorschlag:

Um eine effektive Verminderung des Körpergewichtes zu erreichen, sollte die tägliche Energiezufuhr auf 3,6 Megajoule umsetzbarer Energie gedrosselt werden (siehe Abbildung 5). Bei einer zu erwartenden wöchentlichen Gewichtsabnahme von zirka 2 Prozent ist mit einer Dauer von mindestens 14 Wochen zu rechnen. Wenn dies mit dem aktuellen Alleinfutter geschehen sollte, dürfte der Hund nur noch 230 Gramm täglich davon aufnehmen. Da dem Tier damit über eine längere Zeit deutlich weniger Alleinfutter als empfohlen (für 35 Kilogramm 385 Gramm/Tag) angeboten wird, können möglicherweise Mängel in der Versorgung mit Nährstoffen auftreten. Hier ist es angezeigt, ein Futter zu geben, das auch bei geringerer Energiezufuhr noch alle anderen Bedürfnisse des Tieres deckt. Neben einem Einsatz von kommerziell erhältlichen Diätfuttermitteln kann dieses Ziel auch durch eine selbst hergestellte Ration erreicht werden.

Mit einem fitten Hund kann auch sein „bester Freund" neue Sportarten entdecken.

Die zusätzlichen Leckerlis sind in dieser Zeit komplett zu streichen und auch Nachbarn und Freunde von dieser Maßnahme zu überzeugen. Es kann dabei durchaus ratsam sein die Diätmaßnahmen für alle deutlich zu machen, wie ein Praxistipp in einer Zeitung für Tierärzte zeigt. Vermehrte Bewegung steigert den Energieverbrauch und lenkt den Hund ab.

Erhaltung des erreichten verminderten Körpergewichtes: Um das erreichte Gewicht zu halten, sollte auf die Einhaltung der errechneten Futtermenge geachtet und die Gabe von Belohnungen über vermehrte körperliche Arbeit oder eine verminderte Zuteilung von Alleinfutter ausgeglichen werden. Das Körpergewicht muss regelmäßig kontrolliert werden.

Wie hält man das Gewicht nach einer erfolgreichen Diät?

Ist das Idealgewicht erreicht, kann der Hund je nach Auswahl des Futters während der Diät entweder eine größere Menge des Diätfutters oder ein „normales" Futter erhalten. Wichtig ist, dass nur die für den Erhaltungsbedarf notwendige Menge im Futternapf zur Verfügung steht (siehe Abbildung 1). Es sei nochmals darauf hingewiesen, dass die Werte für den Erhaltungsbedarf nur Richtwerte sind und bei den einzelnen Hunden stark voneinander abweichen können. Gerade nach erfolgreichem Abschluss des Diätprogramms ist eine regelmäßige Gewichtskontrolle nötig, damit schnell auf Gewichtsveränderungen reagiert werden kann. Keinesfalls dürfen sich alte Gewohnheiten wie das Füttern vom Tisch oder die großzügige Gabe von nicht in die Futterration einberechneten Leckerlis wieder einschleichen. Auch das Fortführen des täglichen Bewegungsprogrammes ist vorteilhaft.

Wie beugt man einer Gewichtszunahme vor?

Generell sind regelmäßige Gewichtskontrollen anzuraten, da sich Gewichtsveränderungen vor allem nach einem Futterwechsel relativ schnell und unbemerkt einschleichen können und meist erst in einem fortgeschrittenen Stadium erkannt werden. Angemessene regelmäßige Bewegung kann in jeder Altersklasse helfen, überschüssigen Pfunden vorbeugen.

Literatur

Case, L. P./Carey, D. P./ Hirakawa, D. A.:
Ernährung von Hund und Katze
Stuttgart/New York: Schattauer, 1997.

Dobenecker, B./Thielen, C.:
Was Deinem Hund schmeckt
Augsburg: Naturbuch, 1998.

Gesellschaft für Ernährungsphysiologie:
Energie- und Nährstoffbedarf, Nr. 5: Hunde
Frankfurt/Main: DLG-Verlag, 1989.

Kamphues, J./Schneider, D./Leibetseder, J.:
Supplemente zu Vorlesungen und Übungen in der Tierernährung. 9., überarbeitete Auflage
Alfeld/Hannover: M. & H. Schaper, 1999.

Meyer, H./Zentek, J.:
Hunde richtig füttern
Stuttgart: Ulmer, 1996.

Meyer, H./Zentek, J.:
Ernährung des Hundes: Grundlagen – Fütterung – Diätetik. 4., durchgesehen Auflage
Berlin: Parey, 2001.

Sülflohn, K.: Grüne Broschüre 2003.
Das geltende Futtermittelrecht
Rheinbach: Allround Media Service, 2002.

Wills, J. M./Simpson K. W.:
Das Waltham Buch der klinischen Diätetik von Hund und Katze
München: Acris, 1997.

Breves, G.:
Proceedings of the Society of Nutrition Physiology
Frankfurt/Main: DLG-Verlag, 2003.